T0049287

El Eslabón Perdido

SYDNEY BANKS

© 2022 by Lone Pine Publishing Ltd.

All rights reserved. No part of this work covered by the copyrights hereon may be reproduced or used in any form or by any means— graphic, electronic or mechanical—or stored in a retrieval system or transmitted in any form by any means without the prior written permission of the publisher, except for reviewers, who may quote brief passages. Any request for photocopying, recording, taping or storage on information retrieval systems of any part of this work shall be directed in writing to the publisher.

The Publisher: Lone Pine Publishing Ltd.
Website: www.lonepinepublishing.com
Ediciones Tres Principios

Library and Archives Canada Cataloguing in Publication
Title: El perdido eslabón : reflexiones sobre filosofía y el espíritu / Sydney Banks.
Other titles: Missing link. Spanish
Names: Banks, Sydney, 1931–2009, author. | Holmbeck Ana; Marina Galan translators.
Description: Translation of: The missing link. Translation by Ana Holmbeck and Marina Galan.
Identifiers: Canadiana 20200295705 | ISBN 9781774510803 (softcover) ISBN 9781774510810 (e-pub)
Subjects: LCSH: Soul. | LCSH: Spiritualism. | LCSH: Psychology and philosophy. | LCSH: Mind and body. | LCSH: Wisdom.
Classification: LCC BD421. B3613 2020 | DDC 128/.1—dc23

Project Director: Shane Kennedy
Translation: Ana Holmbeck, Marina Galan, Laura Mesa and Fernando Arath Perez.
Cover Design: Gregory Brown

We acknowledge the financial support of the Government of Canada. Nous reconnaissons l'appui financier du gouvernement du Canada.

Funded by the Government of Canada
Financé par le gouvernement du Canada | Canadä

PC: 40-1

Dedicatoria

Con admiración,
a todas las personas en el mundo
que, día a día, encuentran
sufrimiento
y tratan de aliviarlo.

SYDNEY BANKS
Autor, Filósofo
y Teósofo

———⋙•◦•⋘———

Sydney Banks, autor y orador de
renombre, nació en Escocia en
1931. Vivió y trabajós en Canadá
durante muchos años. En 1973
comenzó a dar charlas en
universidades y centros de salud
de ese país y de los Estados
Unidos de América.

La singular filosofía y
perspectiva del Sr. Banks han
aportado nuevas revelaciones en
el campo de la psicología y la
educación. Un creciente número
de maestros, médicos,
profesionales de la salud y
empresarios han experimentado
resultados significativos tanto en
sus trabajos como en su vida
personal al aplicar este profundo
entendimiento en sus respectivas
áreas laborales.

Sydney Banks es el autor de
libros tan entrañables como *Dear
Liza*, *The Enlightened Gardener* y *The
Enlightened Gardener Revisited*.

———⋙•◦•⋘———

Contenido

Prólogo

El don del autor y la mayor contribución de este libro es la habilidad de unificar los campos de la psicología y la espiritualidad.

Este libro, *El eslabón perdido*, conecta la naturaleza espiritual con la naturaleza psicológica de la humanidad. Muestra al lector que estas facetas de la vida son y siempre han sido *una sola*, así como siete días y una semana son dos términos completamente diferentes, pero denotan la misma unidad de tiempo.

Las palabras del autor intentan mostrarnos que todos los campos del conocimiento son como las tonalidades del arco iris que se produce cuando la luz pasa a través de un prisma, que sólo *aparentan* ser diferentes del rayo de luz que entró en él.

Recomiendo este libro a cualquier persona, ya sea profesional, estudiante u hombre común que esté buscando un camino psicológico o filosófico, profundo e interesante que estimule su mente y le dé algo para reflexionar.

George Pransky, PhD, MFCC

Prefacio

La verdad que se comparte en este libro le habla directamente al corazón y al alma del lector. Abre la puerta a una vida interior de estabilidad y satisfacción que todas las personas conocen de manera intuitiva, pero que han perdido de vista en sus búsquedas cotidianas. Con la amorosa voz de un autor que habla desde la certeza de su iluminación, este libro le ofrece consuelo a quien está cansado de la vida, esperanza a aquél que está desanimado, dirección a quien se encuentra perdido y alegría al que está descontento.

Es un libro que nos habla de manera sencilla, pero con una profunda sabiduría, del potencial innato que tiene todo ser humano para el bienestar, la paz y la felicidad, que se encuentra siempre a la mano, completamente accesible. Este libro ilumina el poder del espíritu humano, que trasciende las diferencias y evoca lo mejor en cada persona. Nadie puede leer este libro sin sentirse conmovido e inspirado.

Judith A. Sedgeman, Ed. D.

Introducción

———— ❖ ————

Hay personas en el mundo que creen que los milagros no ocurren. A esos escépticos les puedo asegurar que sí suceden.

Con la esperanza y la fe como guías, cualquier cosa puede pasar.

*Si estos escritos le brindan
una segunda oportunidad en la vida
a un sólo ser humano, mi trabajo no
ha sido en vano.*

Sydney Banks
Marzo 1998

El
Eslabón Perdido

El Eslabón Perdido

Uno de los mayores malentendidos de la historia es la creencia de que…

"Toma años encontrar la sabiduría."

Muchos experimentan el tiempo; pocos experimentan la sabiduría.

Lograr la estabilidad y la paz mentales está a *un* pensamiento de distancia de toda persona en la Tierra…si puedes encontrar ese *pensamiento*.

A través del tiempo, los seres humanos han experimentado revelaciones que de manera espontánea cambiaron sus comportamientos y vidas por completo, trayéndoles la felicidad que antes habían creído inalcanzable.

Encontrar la sabiduría no tiene nada que ver con el tiempo.

Lograr una estabilidad mental es cuestión de encontrar *pensamientos* saludables de momento a momento. Tales *pensamientos* pueden estar a años luz o a un segundo de distancia.

La energía espiritual que anima
todas las cosas, ya sea en la forma
o en la no forma, se conoce por
muchos nombres distintos.

La naturaleza es la forma física
que la energía espiritual ha
tomado.

Créeme, esa sutil verdad que
todos buscamos nunca se podrá
encontrar en la ilusión de la
forma llamada naturaleza.

Mira en lo profundo del interior
de tu alma, es allí donde
encontrarás la respuesta.

Tus pensamientos y sentimientos son el espejo de tu alma.

Cada alma experimenta la vida de manera individual, por eso todos los seres humanos vivimos y observamos una realidad separada.

La verdad divina que reside dentro de cada alma no cambia nunca. Es eterna.

Lo divino pasa de la no-forma a la forma y nosotros, como seres humanos, somos a la vez espectadores y participantes en este teatro espiritual llamado "vida."

Los grandes místicos del mundo que han tratado de explicar tal conocimiento no tuvieron más opción que expresarlo a través de metáforas, sabiendo que sus palabras no eran más que una representación de la sabiduría espiritual que reside en la consciencia de *todos* los seres humanos.

Todas las psiques humanas están enraizadas en la verdad universal, la psique de una persona no es mejor que la de otra. Sólo aparentan variar de acuerdo al nivel de entendimiento psicológico y espiritual del individuo.

Las palabras son meramente una forma. No escuches las palabras, sino *aquello que las palabras intentan transmitir.*

Recuerda…*no es la arcilla lo que representa la escultura, sino la forma en la que el artista la ha moldeado.*

Al igual que la arcilla de la escultura, el *pensamiento* no es la realidad. Sin embargo, nuestras realidades personales se moldean a través de nuestros pensamientos.

Al momento de nacer, la mente
virgen descubre la creación, y
nace la dualidad de la vida.
A partir de ese momento vives en
un mundo gobernado por el
pensamiento.

Cuando la claridad y la pureza de
pensamiento estén presentes, la
respuesta que buscas se hará
presente, pues lo que buscas está
contigo y lo ha estado siempre.

En el silencio de nuestras mentes
se encuentra la incubación
creativa, brindando la sabiduría y
el gozo que todos buscamos.

El teósofo

El teósofo

Los filósofos buscan principios básicos. Adquieren su conocimiento leyendo libros y estudiando las opiniones y conceptos de otros, para luego moldearlos con sus propias opiniones sobre la vida.

El entendimiento del teósofo surge de una experiencia directa utilizando su propio conocimiento innato o, si se quiere, de lo que a veces se conoce como *Pensamiento Original.*

La filosofía examina el mundo físico conocido. La teosofía alberga ambos mundos, el de la forma y el de la no-forma.

Buscar la verdad únicamente desde la forma es la mitad de la verdad, te atrapa en una mentira cósmica.

Toda persona que habita en la
Tierra es tanto filósofo como
teósofo.

Uno es un proceso intelectual
aprendido. El otro es una
revelación desde el conocimiento
interior, que surge desde las
profundidades de la propia
consciencia.

Este tipo de conocimiento no se
puede comprar o vender, como
mercancía en el mercado, ni se
encuentra en tierras lejanas.

Está oculto en las profundidades
de tu alma.

Esa es la razón por la cual este
conocimiento sólo se puede hallar
a través de una revelación
surgida de nuestra *propia*
sabiduría interior.

Todos en este mundo
compartimos la misma fuente
innata de sabiduría, pero está
oculta en la maraña de nuestros
propios pensamientos personales
desacertados.

Tres principios

Tres principios

Mente, *Consciencia* y *Pensamiento* son los tres principios que nos permiten reconocer la existencia y responder a ella.

Son los elementos básicos. A través de estos tres componentes se despliegan todos los misterios psicológicos.

Son lo que yo llamo la trinidad psicológica.

Mente, Consciencia y *Pensamiento* son regalos espirituales que nos permiten ver la creación y nos guían a lo largo de la vida.

Los tres son constantes universales que nunca pueden cambiar ni ser separadas.

Todas las filosofías nacen de estos tres dones y son el resultado directo del uso correcto o incorrecto de estos mismos principios.

Todas las funciones psicológicas nacen de estos tres principios.

Todo el comportamiento humano y las estructuras sociales que hay en la Tierra se forman a través de la *Mente, la Consciencia* y *el Pensamiento*.

En química, dos o más elementos crean compuestos. Lo mismo ocurre con los elementos psicológicos...*Mente, Consciencia* y *Pensamiento*. Estos tres elementos crean compuestos psicológicos, que son nuestras propias realidades psicológicas personales.

Los compuestos saludables—
sentimientos como la compasión,
la humildad, el amor, el gozo, la
felicidad y la satisfacción—están
arraigados en pensamientos
positivos.

El odio, los celos, la inseguridad,
las fobias y los sentimientos de
depresión son todos compuestos
de pensamientos *negativos*.

Sean negativos o positivos, todos los sentimientos derivan y cobran vida a partir del poder del *Pensamiento*.

No importa en qué *pienses*, tiene que ser un compuesto. Aun si no estás de acuerdo con lo que digo, sigue siendo tu *pensamiento*.

Los tres elementos—*Mente,
Consciencia* y *Pensamiento*—son el
sustento de nuestra existencia
misma. A través de estos tres
elementos tenemos el poder de
darnos cuenta de la existencia de
la vida.

El funcionamiento mental no
puede existir sin estos tres
elementos psicológicos. Son los
componentes fundamentales de
todo comportamiento mental.

No hay más ni menos, sólo estos
tres principios. Crean toda la
experiencia humana.

Mente, Consciencia y *Pensamiento*
son la trinidad completa de todo
funcionamiento psicológico.
Faltando uno, los otros no
existen.

Todas las criaturas vivientes,
grandes o pequeñas, interpretan
lo que piensan de la vida
mediante estos tres dones
divinos.

Mente

Mente

Toda mente humana tiene acceso directo a su experiencia aquí en la Tierra, y la mente humana siempre tiene acceso a sus propias raíces espirituales…pues es de donde surgió.

La *Mente Universal,* o *mente impersonal,* es constante e inalterable.

La *mente personal* está en un perpetuo estado de cambio.

Todos los seres humanos tienen la habilidad interior de sincronizar su *mente personal* con su *mente impersonal* para traer armonía a sus vidas.

Algunos creen que el cerebro y la mente son lo mismo, pero tiene que haber un poder detrás del cerebro para hacerlo funcionar.

El cerebro y la mente son dos cosas completamente diferentes.

El cerebro es *biológico*.
La mente es *espiritual*.

El cerebro actúa como una computadora: lo que introduces en él es todo lo que puedes obtener de él. Esto el *lógica*.

Es importante darse cuenta
de que la *Mente Universal* y la
mente personal no son dos mentes
que piensan diferente, sino dos
maneras de utilizar la misma
mente.

El mundo, en la forma de naturaleza, es un *reflejo* de la mente humana. Esto crea una *separación ilusoria* entre lo espiritual y lo físico.

Esta separación, a su vez, crea la *dualidad de la vida*. Nuestras mentes, atrapadas en esta dualidad, se llenan de desilusión y pérdida.

A medida que la mente humana asciende en consciencia divina, la separación entre sujeto y objeto comienza a desaparecer y emerge la unidad de la vida.

Hay una *Mente Universal*,
común a todos, y donde quiera
que estés, siempre está contigo.

Para la mente humana no existe
fin ni limitación alguna, no
existen barreras.

Consciencia

Consciencia

A toda criatura viviente le fueron otorgados los poderes de *Mente, Consciencia y Pensamiento,* que le hacen posible observar la creación divina, o forma.

La Consciencia es el don de percatarse.

La Consciencia permite reconocer la forma, siendo la forma la expresión del *Pensamiento.*

En los rincones más íntimos de nuestra consciencia se encuentran todas las respuestas que la humanidad busca.

Cuando nuestra consciencia desciende, perdemos los sentimientos de amor y comprensión, experimentamos un mundo vacío, de desconcierto y desesperanza.

Conforme nuestra consciencia asciende, recuperamos la pureza de *Pensamiento* y, con ello, nuestros sentimientos de amor y entendimiento.

La salud mental se encuentra dentro de la consciencia de todo ser humano, pero está velada y secuestrada por nuestros propios pensamientos errados.

Por eso tenemos que mirar más allá de nuestros pensamientos contaminados y encontrar la pureza y la sabiduría que reside dentro de nuestra propia consciencia.

Cuando los sabios nos dicen que miremos en nuestro *interior*, nos están dirigiendo más allá de un análisis intelectual de nuestro pensamiento personal, hacia un orden más elevado de conocimiento llamado *sabiduría*.

La sabiduría es una inteligencia innata que todo ser humano posee en las profundidades de su alma, anterior a la contaminación del mundo externo de la creación.

Encuentra en tu interior la sabiduría espiritual que te guiará a lo largo de tu vida.

Aquí es donde encontrarás los sentimientos de amor, comprensión y satisfacción.

Que el hombre sordo no pueda
escuchar el sonido de las olas del
mar contra la orilla o que el
hombre ciego no pueda ver
la belleza de un cielo otoñal no
significa que el mar y el cielo no
existen.

Así que, como el hombre ciego,
cierra tus ojos.

Como el hombre sordo, tapa tus
oídos. Entra en ti y date cuenta…
lo que buscas ha estado siempre
allí, dentro de ti.

Así es como el ciego podrá ver y
el sordo podrá oír.

Pensamiento

Pensamiento

El *Pensamiento* es una herramienta divina, nada más y nada menos, tan sólo una herramienta. Una persona sabia, como un buen artesano, usa esta herramienta de la mejor manera que puede.

El poder del *Pensamiento* no es creado por uno mismo.

El *Pensamiento* es un don divino que te empieza a servir inmediatamente después de haber nacido.

El *Pensamiento* es el agente creativo que utilizamos para dirigirnos en la vida.

El *Pensamiento* es la llave maestra
que abre el mundo de la realidad a
todas las criaturas vivientes.

El *Pensamiento* es el eslabón perdido
que nos da el poder de reconocer
la separación ilusoria entre el
mundo espiritual y el mundo de la
forma.

El *Pensamiento* en sí mismo es un
don completamente neutral.

El Pensamiento no es la realidad;
sin embargo, nuestras realidades se
crean a través del Pensamiento.

Lo que nosotros como seres
humanos ponemos en nuestros
pensamientos dicta lo que
pensamos acerca de la vida.

Los poderes de libre pensamiento y libre albedrío están entre los mayores dones que nos fueron otorgados. Nos ofrecen el sello de nuestra individualidad, haciendo posible que veamos la vida tal y como lo deseamos.

Estos mismos dones también pueden ser las mayores debilidades de la humanidad. A menudo nos falta la fortaleza necesaria para cambiar de opinión, así que nos estancamos en nuestros pensamientos y comportamientos negativos del pasado.

Mientras más puros sean tus pensamientos, más amor y comprensión habrá en tu corazón.

Los pensamientos positivos crean una mente saludable y una vida estable.

El *optimismo* es una cualidad espiritual, una luz que te conducirá a tu felicidad.

Por otro lado, el *pesimismo* es una enfermedad del sistema de pensamiento humano, que conduce al ser pensante a la oscuridad de la desesperación.

Los pensamientos negativos crean sentimientos negativos que, a su vez, crean comportamientos negativos y son las semillas del sufrimiento humano.

"Cosecharás lo que siembres."

Cuando nuestras mentes están en unidad con lo que es bueno, nuestros *pensamientos* ya no nos mantienen prisioneros de lo que es malo.

Cuando empieces a ver el poder del *Pensamiento* y su relación con tu manera de observar la vida, te entenderás mejor a ti mismo y entenderás mejor el mundo en el que vives.

Para encontrar lo que buscas, descarta toda idea de que existe una separación entre el mundo *espiritual* y el mundo *físico*.

Los sabios curanderos de la cultura indígena norteamericana hablaban del mundo como un solo espíritu, refiriéndose al creador de todas las cosas como el *"Gran Espíritu."*

Esta era su manera de explicar la unidad de la vida.

El *Pensamiento* es una herramienta divina que hace de enlace entre tú y tu herencia divina, y es el núcleo de todo funcionamiento psicológico.

No podrías siquiera estar
consciente de la creación sin la
presencia del *Pensamiento.*

El *Pensamiento* es el eslabón
perdido entre la enfermedad
mental y la salud mental.
El Pensamiento es también
el eslabón perdido entre la
felicidad y la tristeza.

Tu *mente personal* activa tus
pensamientos y los hace buenos o
malos.

No tienes control sobre lo que los
demás piensan, pero sí tienes el
poder de controlar lo que tú
piensas.

Nuestros pensamientos son la
cámara fotográfica, nuestros ojos son
los lentes. Los juntamos, y la película
que vemos es la realidad.

En el silencio más allá de todas
las cosas reside el conocimiento
divino que ayudará a guiarte en
la vida.

Mira *al interior de tu propia*
consciencia, ya que allí está la
respuesta a todos los problemas
de la humanidad.

Tus pensamientos son como el
pincel del artista. Crean una
pintura *personal* de la realidad en
la que vives.

El Pensamiento, como el timón de
un barco, nos conduce a la
seguridad de las aguas abiertas o
a la fatalidad de costas rocosas.

El hombre sabio dice:
"Pienso, luego existo."

El tonto dice:
"No pienso así."

Con frecuencia, la gente especula acerca de cuántos componentes forman el pensamiento.

El pensamiento no tiene componentes. *El Pensamiento* es un poder divino. Es un elemento que no se puede dividir en segmentos más pequeños.

Los seres humanos somos quienes utilizamos el *Pensamiento* para producir cosas, como nuestros sentimientos, nuestros estados de ánimo y nuestra percepción general de la vida.

El *Pensamiento* se puede utilizar de *infinitas* maneras.

Mientras más tiempo permanecemos en el lado positivo de la vida, más la esperanza se vuelve un faro de luz que atrae positividad a nuestras vidas y nos guía a una forma de vida estable y más satisfactoria.

Muchas personas cometen el error de creer que sus estados de ánimo crean sus pensamientos cuando, en realidad, son sus pensamientos los que producen sus estados de ánimo.

La *mente personal* es la creadora de toda actividad. La *mente personal* es la creadora de toda la miseria, todas las expectativas, todas las ideas y todas las falsas deidades.

La fe y la esperanza van juntas.
Con fe y esperanza en tu corazón,
encontrarás el camino perfecto
que buscas.

Cuando los deseos de tu mente perturban tu espíritu, tu vida se vuelve tormentosa. Mi consejo es que aprendas a liberarte de tener demasiados deseos.

La vida en la Tierra es corta, así que cuídate de luchar por la fama y la fortuna. Muchos, entre aquellos que las encuentran, no viven para disfrutarlas.

Muchas personas tendrían éxito en su vida si sus ambiciones no estuvieran tan por encima de sus habilidades.

Muchos de los que aspiran a llegar a la luna comienzan su viaje tropezando con sus propios pies.

Todo en la Tierra proviene de una sola fuente divina. Nuestros pensamientos personales determinan lo que pensamos de la forma que ésta ha tomado en nuestras vidas.

El Pensamiento está relacionado con nuestros cinco sentidos.

Nuestros sentidos no tienen la habilidad de discernir. Nuestro poder personal de *Pensamiento* los controla e informa. Sin el *Pensamiento,* nuestros cinco sentidos no tendrían valor alguno.

Nuestros cinco sentidos y nuestros egos son sólo partículas del todo, así como la ilusión del tiempo y el espacio son sólo partículas del todo.

La respuesta que las personas buscan no se encuentra en sus creencias particulares, sino en la revelación de que el *Pensamiento* es el común denominador de todo entendimiento psicológico y espiritual.

La dualidad
de la vida

La dualidad de la vida

La naturaleza es una ilusión cósmica suspendida dentro de los límites del tiempo, el espacio y la materia.

Cuando uno despierta de este estado de ensueño ilusorio, esa experiencia se conoce como el *Gran Despertar*.

Cuando las personas buscan la verdad, a menudo miran en dos direcciones—hacia la forma y hacia la no-forma—creando la idea de una dualidad en la vida.

La fuerza de vida detrás de todas las cosas no tiene forma y, sin embargo, le da forma a todas las cosas.

En el mundo ilusorio del pensamiento, muchos creen que el *yo interior* es Dios y el *yo exterior* es el cuerpo, pero te puedo asegurar que el yo interior y el yo exterior son lo mismo.

Si quieres encontrar la verdad, tus ojos tienen que ver en singular.

Cuando entiendas esto, verás a través de la dualidad ilusoria de la vida.

*Toda vida es energía divina, ya sea en
la forma o en la no-forma.*

Cuando esta energía toma forma,
la llamamos naturaleza.

Juntas, la forma y la no-forma
crean la totalidad, la *unidad* de la
vida, eso que llamamos Dios.

Nada puede ser mayor o estar separado de la totalidad. Sólo el ego sufre tales ilusiones.

Nuestra *mente personal*, aquello a lo que a veces se denomina ego, movilizada por nuestra consciencia, equivale a nuestra realidad entera.

Nuestro ego, combinado con nuestros cinco sentidos, a menudo crea lentes que distorsionan las cosas y nos impiden evolucionar hacia nuestra verdadera naturaleza espiritual.

A veces, nuestro propio ego nos cautiva y nos volvemos prisioneros de nuestros pensamientos contaminados.

El ego crea un sentido de importancia personal y está estrictamente relacionado con el yo y el intelecto personales.

El ego crea dualidad y nos separa de la gran unidad divina y de la sabiduría que buscamos.

No trates de entender las
palabras de los sabios desde una
perspectiva intelectual.

Escucha tratando de encontrar un
sentimiento positivo.

Los sentimientos positivos te
traerán la respuesta que buscas.
Ahondar en los mecanismos de
tu ego, no.

No examines el tema del ego. Si
lo haces, tu trabajo será en vano.

Enfócate en el *eslabón perdido*
entre nuestra naturaleza
psicológica y nuestra naturaleza
espiritual.

La verdad que buscas no viene de
los libros ni de la palabra
hablada, viene del interior del
alma de la humanidad.

Nada en la Tierra puede ser más paradójico que la verdad, pues la verdad representa tanto la forma como la no-forma.

Sin una, la otra es sólo la mitad del rompecabezas.

Sin una, la otra tiene muy poco valor y es una mentira cósmica.

Conforme empezamos a recuperar la verdadera relación entre nuestra *inteligencia personal* y la *sabiduría espiritual* que hay en nuestro interior, alcanzamos un mayor nivel de inteligencia y sentido común. Esto, a su vez, ordena nuestras desorientadas vidas.

Buscando la iluminación

———◆———

Buscando la iluminación

Todos buscamos la iluminación, estemos conscientes de ello o no, y permíteme decirte algo, amigo…

Los *pensamientos más puros* son los peldaños de la escalera que conduce al éxito.

Al centro Universal de todas las cosas lo llamamos Dios.

Al centro individual, lo llamamos alma.

En la profundidad de nuestras almas descubrimos nuestra herencia divina.

No es el poder de la palabra ni la determinación de nuestra voluntad lo que une al ser interno y al externo en armonía, sino los mecanismos profundos y silenciosos de nuestras mentes.

Esta es la razón por la que muchos tratan de silenciar sus mentes a través de la meditación contemplativa. Buscan un estado más puro de *Pensamiento.*

Mis palabras pueden parecer
demasiado simples, pero lo
repito: la verdad es simple.

Busca el sentido común; ese
sentido común simple, de los
viejos tiempos.

Cuando se busca la sabiduría,
uno tiende a darse cuenta de que
en la simplicidad reside la
complejidad. Aquellos que no se
dan cuenta de la profunda
naturaleza de dicha simplicidad
tienden a sopesar de más sus
conclusiones, perdiendo la
esencia.

Busca *la lógica psicológica…la lógica de la psique.*

Antes de la formación de la realidad física y de la contaminación del pensamiento *personal*, el *alma* y la *consciencia* eran la misma inteligencia divina.

Un pensador perdido, al verse
desconectado de la sabiduría
innata, experimenta aislamiento,
miedo y confusión.

Esa es la razón por la que hay
tantas horribles atrocidades en el
mundo. Los periódicos están
llenos de guerras, asesinatos,
niños hambrientos…
La causa del pecado es la
ignorancia de nuestra propia
sabiduría interior. Sin tal
ignorancia, no habría pecado.

El mal funcionamiento de nuestro propio sistema de pensamiento individual promueve la ruptura de relaciones personales y lleva al desmoronamiento de sociedades, causando sufrimiento y tristeza innecesarios.

Los *pensamientos* errados de la humanidad, alienados de su sabiduría interna, causan toda la violencia, la crueldad y el salvajismo que hay en este mundo.

Desde el principio de los tiempos, el estado de toda sociedad es el resultado directo de su forma de pensar condicionada.

Tal como piensas, escucharás.

El hombre sabio escucha
al necio y al sabio por igual.

El necio sólo escucha a los necios.

Eligiendo un maestro

Eligiendo un maestro

Hay tantos maestros en el mundo y tantas teorías acerca de la vida. Al elegir un maestro, pregúntate…

¿Mi maestro es una persona equilibrada?

¿Es feliz?

¿Refleja y demuestra la calidad de vida que deseo?

Si la respuesta a cualquiera de estas preguntas es negativa, sigue tu camino. De lo contrario, te convertirás en uno de los ciegos, guiado por un ciego.

Siento gran admiración por el
clero y los terapeutas de este
mundo. Ambos ayudan a la
humanidad, sólo difieren en su
enfoque y sus palabras.

El predicador intenta
purificar nuestras almas.

El terapeuta intenta purificar
nuestra consciencia.

Originalmente, la psicología examinaba la conexión entre la *mente* y el *alma*; fue así hasta que se abandonó esa teoría.

Cuando los psicólogos dejaron de investigar la conexión entre la *mente* y el *alma*, perdieron dos de las pistas más importantes para encontrar lo que buscaban.

Se enfocaron, en cambio, en el comportamiento, alejándonos de nuestra verdadera naturaleza psicológica y, en última instancia, alentandonos a ser víctimas pasivas de la vida.

Del estudio del comportamiento surgieron una multitud de técnicas. Pero te puedo asegurar, las técnicas son para los terapeutas lo que los rituales son para la iglesia. Te alejan de la verdad misma que buscas.

Por favor, date cuenta que no estoy condenando las enseñanzas actuales. Simplemente estoy diciendo que muchos no se dan cuenta de la importancia de encontrar *nuestra propia* sabiduría interior.

Hay una enorme diferencia entre encontrar tu *propia* sabiduría interior y adoptar las creencias de otra persona.

Si haces tuya la creencia de otra persona para reemplazar tu propia creencia, puede que experimentes un efecto placebo temporal, pero no habrás encontrado una respuesta duradera. En cambio, si reemplazas una vieja creencia con una revelación proveniente de *tu propia* sabiduría interna, el efecto y los resultados son superiores y permanentes.

Una cosa es *escuchar* las palabras de los sabios y otra, totalmente diferente, es ser un *seguidor*.

Cualquier buen maestro te dirá que nunca seas un seguidor. Un maestro sabio extraerá de ti tu conocimiento innato.

Los seguidores fracasan. Adoptan con gusto las creencias de otros y dejan de pensar por sí mismos.

Nunca sigas ciegamente las palabras de otros, pues así nada más harás tuya la realidad de otra persona. Buscando aquello que reluce como oro sin serlo, no lograrás más que entorpecer tu progreso.

Usa tu propio sentido común.

Cuídate de sectas y organizaciones que quieran quitarte tu derecho a pensar libremente.

Si te conviertes en *seguidor*, pierdes tu independencia y te conviertes en un esclavo de las ideas y creencias de alguien más; renuncias a tu *libre albedrío* y a tu *libertad de pensamiento*, dos bienes extremadamente valiosos en la vida.

Vivir en
el ahora

Vivir en el ahora

A través de los siglos, los sabios nos han dicho que vivamos en el *ahora*. Por eso te digo que...

El pasado es un fantasma que no se puede sujetar en la palma de la mano.

El futuro no se puede asir, por más atractivo o deseable que parezca

Tampoco el presente se puede retener, por más hermoso o emocionante que sea.

Comienza el proceso de nutrir tu alma viviendo en el *ahora*.

Olvídate del pasado y del futuro y *simplemente* sé. Ciertamente, al vivir en el ahora, serás recompensado.

Cuando los místicos orientales describen el *ahora*, no se refieren a un día específico del mes y el año. Su significado es mucho más profundo. Cuando se refieren al *ahora*, quieren decir que la *mente personal* está libre de contaminación de los recuerdos y miedos del ayer.

Esto, a su vez, libera a la mente para poder ver las cosas con claridad, como *son*, no a través de memorias y temores distorsionados.

Vivir en el *ahora* requiere de una mente clara.

Al aclarar nuestras mentes, puede que tengamos que renunciar a algo para recibir algo.

Si quieres reemplazar una copa de vino agrio con vino fresco, primero tienes que deshacerte del vino viejo. Lo mismo sucede si queremos aclarar nuestras mentes de pensamientos rancios y no deseados.

Debemos deshacernos de los pensamientos negativos de ayer para recibir los sentimientos nuevos y positivos de hoy.

Yo no le pido a nadie que ignore sus experiencias pasadas. Eso sería caer en la negación, y la negación no es un estado saludable.

Mejor busca un entendimiento más claro del pasado: date cuenta de que los sentimientos y las emociones negativas, generados por experiencias traumáticas del pasado, *ya no son verdad*. Son nada más recuerdos, una colección de pensamientos viejos y amargos.

Tan cierto como que el óxido destruye lentamente el acero más fuerte, el odio y los pensamientos negativos erosionan el alma de la humanidad.

Los pensamientos negativos son como rayones en una ventana: no te permiten ver la vida con claridad. Cuando cesan los pensamientos negativos, los rayones desaparecen y la ventana se vuelve clara. Entonces se pueden ver la belleza y los aspectos positivos de la vida.

El pasado está muerto. Olvídate de lo viejo y muerto y comienza una nueva vida.

Deshazte de los fantasmas
inquietos y agobiantes del ayer,
libérate para vivir la belleza del
hoy.

Cambia el patrón de tus
pensamientos, de negativos a
positivos. La condición de tu vida
mejorará automáticamente.

Así como el jardinero se deshace de las malas hierbas, nosotros debemos limpiar nuestras mentes de pensamientos perniciosos que, como la maleza, no dejan espacio en nuestras mentes para la belleza.

Al proceso de desechar pensamientos negativos lo llamo un *tratamiento mental espiritual.*

Nuestros *pensamientos* son nuestros guías. Un buen guía navega por el laberinto de la vida siguiendo el camino del *amor* y el *entendimiento.*

Si tus pensamientos vagan por un sendero negativo y rocoso, no los tomes demasiado en serio.

Abstente de analizar, porque te garantizo que continuarás analizándote por siempre, sin encontrar un final, y fracasarás amargamente en un intento por encontrar la paz mental.

Puede que lo sucedido en el pasado haya influenciado nuestros problemas personales o sociales actuales, pero por favor, créeme, en el pasado no hay respuesta a estos problemas. La respuesta sólo se puede encontrar en el presente.

La intensidad y la importancia de tales eventos se disipan cuando vemos que el pasado *ya no es una realidad*, sino sólamente un *recuerdo* que se ha venido cargando a través del tiempo en nuestros *propios* pensamientos.

No lidies con las condiciones del pasado, más bien considera las leyes de causa y efecto. Observa el efecto y las consecuencias que el *pensamiento* tiene en nuestro diario vivir.

Busca la simplicidad y la lógica… psico-*lógica*.

Cuando tu mente está llena de *pensamientos negativos*, automáticamente ves y vives la vida en una realidad negativa.

Bajo la misma regla, una mente
centrada en pensamientos
positivos, vive automáticamente
en una realidad mucho más
placentera.

Deja ir tus pensamientos
negativos. No son más que
pensamientos pasajeros. Te
encontrarás entonces en camino a
encontrar la *paz mental* que
buscas, teniendo sentimientos
más saludables para contigo
mismo y los demás.

Es simple lógica.

Sentimientos

Sentimientos

Nuestros *sentimientos* son
el barómetro de nuestros
pensamientos.

Cuando la mente está llena de
pensamientos positivos, la causa
y el efecto reinan, resultando en
un *sentimiento* positivo.

Cuando la mente está llena de
pensamientos negativos, de
nuevo, la causa y el efecto reinan,
creando un *sentimiento* negativo.

Nuestros *sentimientos* son la evidencia de nuestro bienestar mental. Encuentra *sentimientos* positivos y amorosos, pues te guiarán por la vida mucho mejor que el resentimiento y los rencores.

Los pensamientos y sentimientos positivos te ayudarán a descubrir la salud mental y la sabiduría que yacen dentro de ti.

Cuando aprendes a perdonar a quienes te han hecho mal en el pasado, aclaras tu mente y traes armonía a tu vida, permitiéndote ver lo que *es*, en vez de lo que *no es*.

Lo que no es…*es la vida vista a través de recuerdos distorsionados.*

Lo que es…*es la vida como realmente es ahora, libre de toda falsedad.*

La mente atormentada que recibe al amor y al perdón como huéspedes, sin duda alcanzará nuevas alturas.

El amor y el perdón

El amor y el perdón

El amor y la *comprensión* armonizan la mente de la humanidad con su verdadera naturaleza interna.

En la vida, lo que das es lo que recibes.

Dar amor es recibir amor.

Una mente llena de amor y buenos sentimientos nunca puede equivocarse.

El *amor* y el *perdón* van de la mano. Sin ellos, la vida se agobia con sentimientos enfermizos e infelicidad.

Juzgar tus fallas o las de otros
conduce a la infelicidad. Una
mente libre de juicio es una
mente contenta.

Un corazón lleno de amor carece
de juicios y está lleno de espíritu
divino.

Mi amor es como una rosa roja,
roja; su fragancia llena el espacio;
me guía a un lugar de luz,
en vez de a una oscura desolación.

El perdón es divino y tiene efectos maravillosos en nuestras vidas.

El perdón es un remedio poderoso para aclarar nuestros pensamientos de recuerdos negativos. Nos libera de las prisiones emocionales de nuestro pasado y nos provee de oportunidades para comenzar la vida de nuevo.

El perdón trae consigo paz mental. Sin el perdón, el camino de la vida queda pavimentado con duda y miseria.

Una mente que no perdona nos sobrecarga con pensamientos negativos, aferrándose a dolores pasados. Contamina y previene al ser pensante de vivir una vida feliz *ahora*.

El perdón es lo que te permite ver el día de hoy como una nueva experiencia.

Dios ya te ha perdonado por tus errores de ayer, así que, ¿por qué no perdonarte a ti mismo?

Entretenerse en juicios y tribulaciones del pasado es *negar* el momento.

Si vives en el pasado, nunca
podrás encontrar la felicidad.
*Estás tratando de vivir en una
realidad que ya no existe.*

Pensar que si perdonas a alguien
que te ha hecho daño estás
condonando su comportamiento,
colocándote en una posición
vulnerable de modo que
permitirás que te vuelvan a
lastimar, es un malentendido.

No es así. Hay una enorme
diferencia entre perdonar a una
persona y perdonar un *acto*.

Por ejemplo, supongamos que estás en el zoológico y te acercas a la jaula de un tigre. Si eres lo suficientemente insensato como para meter una mano entre los barrotes y el tigre, siendo tigre, te la desgarra, probablemente maldecirás al tigre. Sin embargo, una vez habiendo recapacitado al respecto, te darías cuenta de que realmente no fue culpa del tigre. Perdonarías al tigre. Y sin embargo, seguramente habrías aprendido a nunca volver a meter la mano en la jaula.

El perdón *te libera a ti* de la angustia mental y el dolor, así como de todos los horribles sentimientos negativos que experimenta una mente *que no perdona*.

Cuando aprendes a *perdonar*, ves con claridad la ignorancia y la inocencia de quienes actúan en tu contra.

Te das cuenta de que aferrarse a viejos rencores es como si un avaro, ahogándose en aguas profundas, se asiera a una bolsa de oro falso, sin darse cuenta de que el oro falso no es más que un montón de pineras inútiles y pesadas que están provocando que se hunda.

No hay manera de garantizar una vida libre de problemas.

La vida es como cualquier otro deporte de contacto. Puedes encontrar dificultades de uno u otro tipo.

La gente sabia encuentra la felicidad no en la ausencia de esas dificultades, sino en la habilidad para entenderlas cuando ocurren.

La sabiduría

La sabiduría

La sabiduría espiritual reside en la consciencia de todas las criaturas vivas. No tiene forma. En el momento en que dicha sabiduría es revelada al alma del ser humano, ha tomado una forma que sólo puede representar su verdadera naturaleza.

En la antigua religión hawaiana, los Kahunas, o sabios sacerdotes, decían que la sabiduría que procuraban transmitir era un secreto que no podía ser dicho.

No porque retuvieran el secreto intencionalmente, sino porque, literalmente, no podían transmitirlo con palabras, pues las palabras eran apenas simbólicas de su verdadero significado.

La respuesta que buscamos *está más allá de la palabra.*

Nadie puede regalar sabiduría. Un maestro sólo puede guiarte hacia ella a través de palabras, esperando que tengas el valor de mirar *dentro de ti* y la encuentres en tu propia consciencia…

Más allá de la palabra.

La sabiduría que la humanidad busca reside *en la consciencia* de todos los seres humanos, atrapada y encarcelada por sus propias mentes personales.

La *sabiduría* no se encuentra en el mundo de la forma ni en los remotos rincones del planeta. La sabiduría yace *en nuestra propia consciencia.*

Sólo *tú* tienes la llave dorada que abre tu alma y la sabiduría que reside dentro de ella.

Quienes rechazan un buen consejo no pueden ser ayudados. Un buen consejo rara vez es bienvenido en la mansión de un necio. "Así pues, cualquiera que intente forzar el aprendizaje en un necio, es también un necio.

Para encontrar la sabiduría, eleva tu consciencia. Busca un *sentimiento de gratitud* por lo que ya tienes en la vida.

La *gratitud* y la *satisfacción* tienen efectos maravillosos en nuestras almas. Abren nuestras mentes, despejando el camino para que la *sabiduría* y la *plenitud* puedan entrar en ellas.

Cuando te vuelvas *agradecido*, los barrotes de la prisión de tu mente desaparecerán. La paz mental y la alegría serán tuyos.

El ego y nuestro intelecto son funciones de nuestras mentes *personales*, mientras que la *sabiduría* es una función del espíritu. Una es mortal, la otra inmortal.

La observación intelectual
es ego, *posterior a la forma*.

La sabiduría se encuentra antes
de la formación de la forma.

El ego no es sino lo que *piensas*
que eres y lo que piensas de la
vida, nada más, nada menos.

Nuestro intelecto y nuestra
sabiduría interior deberían
funcionar juntos para crear
armonía en nuestras vidas.
Sin embargo, si al intelecto le
falta sabiduría, el caos reina. Este
es el estado del mundo
actualmente.

Afortunados aquellos que han encontrado el equilibrio entre su inteligencia y su sabiduría innata.

Como seres humanos, debemos observar detenidamente la relación entre nuestra naturaleza espiritual y nuestra naturaleza psicológica

Allí encontraremos las respuestas que buscamos para cambiar el estado deplorable del mundo.

La consciencia de la humanidad tiene que elevarse. Sólo entonces, cuando las realidades físicas y espirituales se unan, encontraremos el poder y la inteligencia para guiarnos a través de la vida.

La sabiduría limpia los canales de tu mente y trae cordura a tu vida.

Tienes que encontrarla por ti mismo.

El alma pura y la consciencia pura sólo pueden ser separadas temporalmente por los pensamientos errados de la humanidad, porque el *alma* y la *consciencia* son una y la misma.

La sabiduría es nutrición divina para el alma, es una inteligencia otorgada por Dios, antes de la contaminación de la forma o el pensamiento personal.

Con sabiduría, las personas ven
más allá de los filtros y prejuicios
de raza y cultura, dándose cuenta
de la belleza de todos.

Tal entendimiento permite que
las personas dejen de tener
miedo, dejen de desconfiar de
quienes son diferentes, les
permite ver lo que es común a
todos los seres humanos, a pesar
de las diferencias culturales.

Más que ninguna otra cosa,
la sabiduría aplicada a la
sociedad lograría detener los
conflictos étnicos y las guerras
que el planeta sufre actualmente.

La *sabiduría* es impersonal.

La *sabiduría* es inmortal e
inmutable.

La *sabiduría* es el camino hacia
todo entendimiento espiritual.

La *sabiduría* es también el camino
hacia todo entendimiento
psicológico.

Nuestra naturaleza psicológica
y nuestra naturaleza espiritual
están entrelazadas. Mientras más
estén en armonía, más satisfechos
estaremos.

La sabiduría brinda *sentido común
a quienes la encuentran.*

Las soluciones a problemas externos complejos, creados por pensamientos errados, no surgirán de una teoría analítica complicada, sino que emergerán como una revelación, envueltas en un manto de simplicidad.

Tratar de lidiar con los problemas matrimoniales, por ejemplo, utilizando una variedad de métodos y técnicas, puede tener poco o ningún éxito. Sin embargo, cuando una pareja que se ha perdido encuentra *sabiduría* y *comprensión* dentro de su *propia* consciencia, sus problemas matrimoniales comenzarán a disiparse.

Busca sin buscar, porque lo que esperas conseguir ya está dentro de ti.

Eso que buscas no tiene forma.

Nunca hallarás la no-forma
intentando darle forma.

Intenta describir la no-forma con
palabras y las palabras
convertirán la no-forma en forma,
creando una ilusión y alejándote
de lo que estás buscando.

Hay muchas maneras de
encontrar la sabiduría interna
que te guiará a un estado mental
más saludable.

*Debes ejercer tu libertad de elección
para decidir tu propio camino
individual.*

Sea cual sea el camino que tomes,
siempre encontrarás la sabiduría
que buscas en las profundidades
de tu *propia* consciencia.

Bendice a quienes
han pecado contra ti,
pues han perdido su camino.
Extiéndeles la mano
y ayúdalos
a vivir un día feliz.

Fin

CPSIA information can be obtained
at www.ICGtesting.com
Printed in the USA
BVHW030729130722
641602BV00006B/24